Inhalt

Mentale Fitness für die Anforderungen im Unternehmen - Coaching für Führungskräfte wird salonfähig

Kernthesen

Beitrag

Fallbeispiele

Weiterführende Literatur

Impressum

Mentale Fitness für die Anforderungen im Unternehmen - Coaching für Führungskräfte wird salonfähig

Robert Reuter

Kernthesen

- Coaching wird von manchen Führungskräften abgelehnt, weil es eine Nähe zur Psychotherapie aufweist. Dennoch öffnen sich die Unternehmen Coaching-Angeboten immer mehr.
- Die Coaches können dabei helfen, den

Führungsstil zu reflektieren, die Ursachen von Problemen zu begreifen und sich über sich selbst klarer zu werden.
- Dabei bleiben Coaches immer Stichwortgeber, Bestärker und Gesprächspartner. Therapeuten, Trainer oder Managementberater sind sie hingegen nicht.

Beitrag

Junge Führungskräfte entdecken Coaching

Die Beschäftigung eines Coaches ist in Deutschland, anders als in den USA und in Großbritannien, noch nicht selbstverständlich. Dies mag daran liegen, dass die Fähigkeiten von Coaches hierzulande weder besonders bekannt, möglicherweise aber auch noch nicht richtig anerkannt sind. Es wird befürchtet, dass die Inanspruchnahme eines Coaches von den Mitarbeitern als Schwäche ausgelegt werden könnte. Dennoch setzt sich Coaching nun auch in Deutschland immer mehr durch. Insbesondere sind es junge Führungskräfte, die ihre Fähigkeiten zur Menschenführung als genauso wichtig ansehen wie das Talent, gute Zahlen zu produzieren. Schon 74 Prozent der Personalverantwortlichen und Personalvorstände in Deutschlands börsennotierten Unternehmen bieten ihren Führungskräften individuelle Coachings an. (1)

Prozess der Bewusstwerdung

In der Praxis gestaltet sich die Arbeit mit einem Coach ganz ähnlich wie eine Sitzung beim Psychotherapeuten. Auch hieraus resultiert das Akzeptanzproblem der Coaches, die darüber hinaus ganz anders vorgehen als beispielsweise ein Berater. Coaches geben keine Tipps, erteilen keine Ratschläge und bieten auch keine Lösungsvorschläge an. Stattdessen unterstützen sie den Klienten bei einem Reflexionsprozess, mit dem er sich über sich selbst klar werden will. Der Coach fungiert hierbei wie ein Katalysator, der den Bewusstwerdungsprozess des Klienten begleitet, jedoch ohne die Richtung zu bestimmen. Seriöse Coaches sind darum häufig Diplom-Psychologen oder haben eine anerkannte Coaching-Ausbildung abgeschlossen. Dies alleine reicht jedoch häufig nicht, wenn der Coach nicht auch über profunde Managementerfahrungen verfügt. Diese sind nötig, damit das Gespräch auf Augenhöhe stattfinden kann. (1)

Stärkung der Führungskompetenz

Führungskräfte, die zu einem Coach gehen, haben oft sehr konkrete Ziele vor Augen, die sie durch die Gespräche erreichen wollen. Meist geht es darum, Führungskompetenz und Arbeitsmethoden zu verbessern, sie auf neue Aufgaben im In- und Ausland vorzubereiten oder bei Veränderungsprozessen zu unterstützen. Junge Führungskräfte sind bei der Beurteilung ihrer eigenen Führungstalente oft kritischer als die Generationen davor. Auch über ihre Rolle im Unternehmen denken sie nach und wünschen sich einen kompetenten Gesprächspartner, bei dem sie ein Feedback auf die Schilderung ihrer Erfahrungen erhalten. Prinzipiell ist es damit das Ziel des Coachings, Vorgesetzte auch mental fit zu machen für eine globalisierte Wirtschaft mit stark gewandelten Anforderungen an das Führungspersonal. [1], [2]

Seelische Hygiene

Coaching hat viel mit der Psyche des Klienten zu tun. Denn auch Manager in verantwortungsvollen Funktionen empfinden Krisensituationen als bedrohlich, leiden unter Selbstwertproblemen oder sehen sich einem unüberwindbaren Berg von betrieblichen Problemen gegenüber. Ängste und persönliche Konflikte, etwa mit Kollegen, gehören jedoch noch immer zu den Tabuthemen auf Vorstandsetagen. Coaching bietet die Möglichkeit, auch emotionale Probleme zu bewältigen und so den Anforderungen der eigenen Position besser gerecht zu werden. Dennoch legt die Branche wert darauf, dass Coaches keine Therapeuten sind. In der Praxis jedoch dürften die Gespräche durchaus den Charakter von Gesprächstherapien annehmen. Dass die Coaching-Branche hier eine Abgrenzung vornimmt, hat sicherlich den Grund, ihre Arbeit aus der psychopathologischen Tabuzone herauszuhalten. (1), (2)

Hilfe zur Selbsthilfe

Veränderungen beginnen im Kopf; dies gilt auch für betriebliche Neuerungen. Coachings können hier helfen, den Kopf zu öffnen und die Gedanken frei zu machen für den Neuanfang. Gerade solche Unternehmen, die sich eine völlig neue Strategie zu geben versuchen, greifen darum heute öfter auf die Dienste der professionellen Unterstützer zurück. Wichtig ist aber auch hier, dass die gedankliche Arbeit vom Klienten selbst geleistet wird, denn Coaches sind keine Change-Manager. Was sie aber leisten, ist Hilfe zur Selbsthilfe. (2)

Modifiziertes Handlungsspektrum

Coaching soll Menschen helfen, ihr Verhaltens- und Handlungsspektrum zu erkennen und es gegebenenfalls zu modifizieren. In diesem Sinne ist die Arbeit mit dem Coach auch ein Weg, die eigene Persönlichkeit zu festigen, indem man sich ihrer bewusst wird. Der Coach dient dabei als Sparringspartner oder als Reiseführer, der gut zuhört, Fragen stellt und Handlungs- oder Verhaltensalternativen benennt, wenn Probleme bestehen. Das Themenspektrum ist dabei breit gefächert. Selbstmanagement, Arbeitstechnik, Konflikte mit Mitarbeitern, Teamprobleme, Entscheidungsprobleme, Führungsprobleme u.v.m. können in den Sitzungen in den Fokus gerückt werden. (1), (2)

Zielsetzungen werden vereinbart

Ein professioneller Coachingprozess beginnt in der Regel mit einem Zielsetzungsgespräch. Dabei wird festgelegt, was verbessert werden soll und welche Probleme gelöst werden sollen. Danach treffen sich Coach und Klient zu etwa zweistündigen Sitzungen. Die Erfahrung zeigt, dass vier bis sechs Sitzungen ausreichen, um ein Problem zu lösen. Von längeren Coachings raten verantwortungsvolle Coaches ab, da sonst eine gewisse Abhängigkeit des Klienten eintreten könnte. Zum Repertoire der Coaches gehört auch das Rollenspiel. Die Klienten können im "geschützten Raum" Verhaltens- und Handlungsalternativen durchspielen, um sie später auch unter den echten Bedingungen im Unternehmen anzuwenden. (3)

Trends

Coaching für Projektmanager

Wenn Mitarbeiter überraschend ein Projekt managen sollen, ist oft ein Gefühl der Überforderung die Folge. Gerade in mittelständischen Unternehmen werden infolge dünner Personaldecken solche Mitarbeiter zu Projektleitern bestimmt, die hierfür gar nicht mehr geeignet sind als andere, sondern die einfach ein paar Kapazitäten frei haben. Bei der Bewältigung der ungewohnten und neuen Aufgabe werden in wachsendem Maße Coaches engagiert, die dem Kollegen als Wegbegleiter zur Seite gestellt werden. (5)

Coaching für die Karriere

Coaches helfen nicht nur Führungskräften bei der mentalen Bewältigung ihrer Aufgaben. Sie weisen auch Wege aus beruflichen Sackgassen, etwa wenn der Arbeitsplatz verloren gegangen ist. Wer den Job verloren hat, weiß oft nicht mehr, was er tun muss, um eine Arbeit zu finden. Coaches unterstützen diesen Prozess, bei dem die Klienten anfangs häufig erst einmal damit klar kommen müssen, dass sie trotz bester Qualifikation nicht gefragt sind. (4)

Fallbeispiele

Wenn Chefs die Fäuste schwingen

Die Haufe Akademie hat für experimentierfreudige Führungskräfte ein sehr besonderes Angebot parat. Beim "Box-Coaching für Führungskräfte - Faustregeln der Führung" werden die Teilnehmer darin geschult, noch treffsicherer und zielorientierter Führungsarbeit zu leisten. Das Programm zieht Parallelen zwischen den Fähigkeiten des Boxers und den Talenten von Vorgesetzten. Zudem agierten Menschen im Boxring spontan und authentisch, wobei sie ihre innere Haltung in der Auseinandersetzung preisgeben. Das Ziel des Seminars ist es, den Teilnehmern im Ring zu vermitteln, dass der eigene Boxstil, der

Persönlichkeitsstil und der Führungsstil eng zusammenhängen. (6)

Coaching für Gastronomen

Auch die Gastronomie macht Gebrauch von passenden Coaching-Angeboten. Junge Gastronomen lernen bei den Meetings den eigenen Kommunikationsstil kennen und erhalten Rückmeldungen zu ihrer Körpersprache. Geübt wird auch der Umgang mit unzufriedenen Gästen, bei denen richtiges Auftreten besonders wichtig ist. (7)

Weiterführende Literatur

(1) Coaching wird salonfähig
aus Handelsblatt Nr. 055 vom 18.03.2011 Seite 58

(2) Führung braucht Persönlichkeit
aus Personal Nr. 4 vom 31.03.2011 Seite 016

(3) Führungskräfte-Coaching Zwischen Professionalität und Scharlatanerie
aus Industrial Engineering, Heft 4/2010, S. 30-31

(4) Schub für die Laufbahn
aus Allgemeine Hotel- und Gastronomie-Zeitung Nr. 16 vom 16.04.2011 Seite A002

(5) Veränderungen mit Hilfe von Coaching managen
aus "Computerwelt" Nr. 17 / 2010 vom 25.08.2010

(6) Box-Coaching für Führungskräfte / Neues Seminar der Haufe Akademie vermittelt "Faustregeln" einer schlagfertigen und treffsicheren Führung
aus news aktuell, 2011-02-10

(7) Mit Authentizität punkten
aus Allgemeine Hotel- und Gastronomie-Zeitung Nr. 16 vom 16.04.2011 Seite A004

Impressum

Mentale Fitness für die Anforderungen im Unternehmen - Coaching für Führungskräfte wird salonfähig

Bibliografische Information der deutschen Nationalbibliothek

Die Deutsche Nationalbibliothek verzeichnet diese Publikation in der deutschen Nationalbibliografie; detaillierte bibliografische Daten sind im Internet über http://dnb.d-nb.de abrufbar.

ISBN: 978-3-7379-0245-8

© 2015 GBI-Genios Deutsche Wirtschaftsdatenbank GmbH, Freischützstraße 96, 81927 München, www.genios.de

Alle Rechte vorbehalten. Dieses Werk ist einschließlich aller seiner Teile – z.B. Texte, Tabellen und Grafiken - urheberrechtlich geschützt. Jede Verwertung außerhalb der Grenzen des Urheberrechtsgesetzes bedarf der vorherigen Zustimmung des Verlags. Dies gilt insbesondere auch für auszugsweise Nachdrucke, fotomechanische Vervielfältigungen (Fotokopie/Mikroskopie), Übersetzungen, Auswertungen durch Datenbanken oder ähnliche Einrichtungen und die Einspeicherung und Verarbeitung in elektronischen Systemen.